L K 101.

L'ÉPISCOPAT.

DISCOURS

PRONONCÉ

A LA CATHÉDRALE D'AJACCIO LE 19 OCTOBRE 1851

A l'occasion du sacre

DE MONSEIGNEUR SARREBAYROUZE

ÉVÊQUE D'HÉTHALONIE

Par J. GUASCO

CURÉ DE SAINTE-MARIE DE BASTIA.

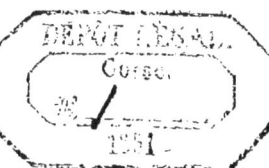

BASTIA,
IMPRIMERIE DE C. FABIANI.
1851.

L'ÉPISCOPAT.

Messeigneurs et Messieurs,

Combattre et souffrir, voilà le sort réservé à l'Église. Elle ne faisait que de naître, et déjà les puissances de la terre s'étaient liguées avec les portes de l'enfer pour l'étouffer. Ce fut alors une guerre d'extermination, une guerre à outrance, où elle faillit être noyée dans les flots de sang qui inondèrent son berceau. Après la persécution du glaive, elle dut essuyer la persécution de l'erreur, et, plus tard, la persécution encore plus terrible des passions. Dans tous les siècles elle s'est vue en présence d'ennemis formidables qui, quoique différents de nature, ont tous également rivalisé d'acharnement pour la détruire. Mais ce qui a mis le comble à sa désolation, ce sont les dégoûts dont la rassasient ceux-là mêmes que, dans l'effusion de sa tendresse maternelle, elle a enfantés à la vie de la grâce. Toute la fureur des tyrans, toute la rage des bourreaux n'ont pu l'affliger autant que la monstrueuse ingratitude de ces enfants dénaturés qui ne rougissent pas de déchirer le sein qui les a réchauffés. Hâtons-nous cependant de le reconnaître ; au milieu de tant de sujets d'amertume, l'Église éprouve de temps à autre des consolations qui sèchent toutes ses larmes et lui font oublier toutes ses douleurs. Vous venez d'être témoins vous mêmes de la douce émotion qu'elle n'a pu comprimer au moment solennel où, par la main du Pontife consécrateur, elle a placé le diadème de l'Épiscopat sur une tête chérie et déjà décorée du diadème encore plus précieux de la vertu. Ou je me trompe fort, messieurs, ou vous êtes toujours charmés du spectacle de ce couronnement rehaussé de tout ce que la religion a de plus beau et de plus touchant dans ses imposantes cérémonies. J'ai dit, que vous venez d'assister à un couronnement, et je ne pense pas que vous trouviez le mot déplacé, car un Évêque, après tout, est un roi dans l'Église. Gardons-nous toutefois, messieurs, d'assimiler cette royauté aux royautés chancelantes et caduques de la terre. L'Épiscopat est une royauté lui aussi, mais d'un ordre surnaturel et divin ; c'est une royauté sacerdotale ; c'est la royauté impérissable de Jésus-Christ, dont l'éclat reflète sur le front de l'Élu du Seigneur. J'aurais bien envie maintenant de dérouler à vos yeux le tableau des titres éminents qui ont valu au nouveau Pontife l'honneur d'être admis dans ce grand et auguste sénat de rois ; mais je suis obligé de glisser légèrement là-dessus de peur de blesser des oreilles très-délicates. L'Évêque d'Héthalonie se trouve déjà assez mortifié de ne pouvoir plus cacher au monde sa gloire ; qu'il soit libre au moins de cacher sa vertu. Réjouissons-nous de son élévation ; mais ne gênons pas sa modestie. D'ailleurs, lors même qu'il me serait permis de retracer les hautes qualités qu'il possède, est-ce que je vous apprendrais quelque chose qui ne fût déjà à votre pleine connaissance ? Quand les modèles sont encore vivants et placés de manière à ne pouvoir se dérober aux regards de personne, à quoi bon faire des portraits ? Que l'humble Prélat donc se rassure. Je ne dirai pas un seul mot de son mérite pour m'occuper uniquement de sa dignité. Sans m'arrêter à l'Évêque, je vais vous entretenir de l'Épiscopat que j'envisage comme une grande puissance dominant au centre de l'Église ; puissance aussi solidement établie qu'elle est généralement respectée. Mais, avant de commencer, j'éprouve, messieurs, le besoin de déclarer que ce n'est pas sans une extrême répugnance que j'ai consenti à prendre la parole devant un auditoire aussi distingué. La crainte, fort naturelle du reste, qui m'accompagne toutes les fois que j'aborde la tribune sacrée, est aggravée aujourd'hui par la présence d'illustres personnages que l'Église est heureuse de compter au nombre de ses hauts dignitaires. Je n'ai pas, messieurs, l'habitude de parler devant des princes, et, bien moins, devant des princes de l'Église ; aussi vous devinez que je n'aurais pas balancé un instant à décliner cette tâche dangereuse, si j'avais pu le faire sans manquer aux égards que je dois à l'autorité qui me l'a imposée. Il est vrai que ma crainte est adoucie par une grande confiance ; car l'aveu spontané et sincère que je fais de ma faiblesse me donne l'espoir d'échapper à la sévérité de votre jugement.

Je doute encore moins de votre indulgence dans le cas où le défaut d'usage ne me permettrait pas de parler la langue de la nation d'une manière assez flatteuse pour vos oreilles. Au surplus, vous avez trop d'esprit pour vous arrêter à la forme en présence d'un sujet sérieux. Un orateur sacré parle toujours bien lorsqu'il parle la langue de l'Église.

J'ai dit tout à l'heure que l'Épiscopat est une puissance, et rien n'est plus facile à démontrer. Écoutez l'Apôtre s'écriant, dans sa parole inspirée : *Nous sommes les auxiliaires de Dieu* (1). Auxiliaires de Dieu! Est-ce que le Fort, le Tout-Puissant aurait besoin par hasard du secours de l'homme, lui, qui, s'il veut réaliser l'étendue qu'il conçoit, n'a qu'à prononcer un mot pour féconder les flancs ténébreux du chaos, et en tirer des myriades de créatures? Oh! un plan plus large et plus gigantesque est dans la pensée de l'Être souverain : il s'agit de bâtir une nouvelle Jérusalem ; et ici le concours de l'homme devient nécessaire! Les pierres destinées à entrer dans la construction de ce grand édifice c'est nous mêmes, nous enfants de l'Église ; mais ces pierres qui les arrache de la carrière ? qui les travaille et les façonne sous le marteau de la parole ? qui les met à la place qui leur est assignée ? Ce sont ceux qu'on appelle, avec une magnificence incomparable de langage, *les auxiliaires de Dieu.* Continuons d'écouter le grand Apôtre : *Nous sommes les ambassadeurs du Christ* (2). Un ambassadeur est plénipotentiaire de la Puissance qui l'a envoyé ; il la représente, la résume, parle et agit en son nom ; il protège ses intérêts, ses droits,

---

(1) I. Cor. III, 9.   (2) II. Cor. V, 20.

sa gloire. La mission de l'Évêque est là. Au reste, le grand Docteur inspiré ne fait que reproduire en d'autres termes les paroles mémorables que je vais répéter et que vous voudrez bien me permettre d'appeler la charte constitutionnelle de l'Église : *Allez, enseignez toutes les nations; et voilà que moi, moi auquel toute puissance appartient au ciel et sur la terre, je suis avec vous enseignant tous les jours jusqu'à la fin des temps* (3). Paroles sublimes par lesquelles la Sagesse incréée révèle au monde la grandeur de son œuvre, et en même temps la grandeur du ministère confié à ceux qui sont chargés de veiller à sa garde.

Ainsi les Évêques, d'après le divin oracle, ne sont rien moins que les colonnes du majestueux édifice que dans la plénitude des temps la main de Dieu a élevé sur la terre. Ce sont des hommes sans doute, mais ce sont des hommes d'élite; ce sont des hommes remplissant un ministère tout divin; ce sont des hommes participant du sacerdoce éminent et parfait de Celui que le roi prophète appelle, dans ses chants inspirés, *le Prêtre éternel* (4). C'est pourquoi la tradition, qui est le retentissement à travers les âges des paroles prononcées à l'origine par le souverain Fondateur de la société chrétienne, les a toujours regardés comme des envoyés du Ciel et s'est courbée devant leur parole, comme devant la parole sortie de la bouche de l'éternelle Vérité. De même que dans l'ordre physique le soleil est le centre et le dispensateur de la vie matérielle, de même dans l'ordre moral les Évêques sont les organes et les dispensateurs de la vie de la grâce. Les ministres ont changé; mais le ministère

---

(3) Matth. XXVIII. 18, 19 et 20.   (4) Ps. CIX, 4.

est toujours le même. Pendant que les opinions des hommes passent comme des nuages poussés par le vent; pendant que les hautes conceptions des plus renommés législateurs tombent dans l'oubli; pendant que les systèmes fameux des plus illustres savants croulent de toutes parts; la doctrine des Apôtres a conservé toute sa pureté primitive; et les Évêques parlent encore aujourd'hui comme leurs prédécesseurs parlaient il y a deux mille ans; c'est le même langage, parce que c'est la même vérité. Aussi, tant d'esprits cultivés, qui n'eussent jamais consenti à asservir leur intelligence à une autorité humaine, se sont-ils toujours respectueusement inclinés devant l'autorité des Évêques, qu'ils révéraient comme les héritiers des Apôtres et les continuateurs de leur sublime mission. Voilà ce que j'appelle une grande puissance solidement établie. Où trouver quelque chose de comparable sur la terre ? Serait-ce la puissance de l'or ? Mais elle n'est pas à l'abri des orages qui emportent les fortunes les plus affermies. Serait-ce la puissance du génie ? Mais elle est souvent renversée par des rivaux plus heureux. Serait-ce la puissance des suprêmes magistratures ? Mais elle est tôt ou tard anéantie par des prétendants plus habiles. Serait-ce la puissance de l'opinion ! Mais il n'y a rien au monde de plus capricieux et de plus changeant. Spectateurs fatigués de son étonnante légèreté, ne la voyons-nous pas dans le même jour brûler des parfums, et darder l'imprécation et l'outrage ? Que d'étoiles éclipsées lorsqu'elles brillaient de la plus vive lumière ! Que d'idoles tombées lourdement au beau milieu des hommages qu'elles recevaient d'une foule d'adorateurs ! Une pierre, une petite pierre s'étant inopinément détachée du haut de la montagne, les idoles ont été brisées et les adorateurs ont tout de suite disparu. Si l'on veut trouver quelque chose de solide et de permanent, il faut donc chercher ailleurs que dans le sol mouvant de l'ordre social. Voici un phénomène tout à fait extraordinaire et de nature à déconcerter la philosophie elle-même, cette philosophie qui a l'étrange prétention de tout comprendre et de tout expliquer : ce phénomène c'est la mâle et vigoureuse organisation de l'Église, de cette Église qui, dotée par son divin Époux d'une jeunesse immortelle, ne craint pas d'être abîmée par le temps ni affaiblie par le malheur. On dirait même, que ces causes essentiellement destructives, loin d'avoir flétri sa beauté, n'ont fait que la rendre plus animée et plus ravissante. Dites-moi, n'est-ce pas le seul fait qui contraste par un fond de vie et de stabilité avec toutes ces grandeurs éphémères qui s'évanouissent comme des songes riants et enchanteurs après un instant d'illusion ? Parcourez les annales du monde et montrez-moi un seul monument de l'esprit humain qui ne soit pas tombé en ruine. Vous n'en trouverez point ; vous ne trouverez qu'un seul édifice encore debout, parce que ce n'est pas la main de l'homme qui l'a élevé ; c'est l'édifice indestructible de Jésus-Christ.

Il y a déjà bien des années, Messieurs, que nous nous occupons d'organisation sociale ; mais tous nos efforts n'ont abouti, jusqu'à présent, qu'à rendre le spectacle de notre désorganisation plus frappant. Semblables à des enfants qui s'amusent à défaire ce qu'ils ont fait, nous nous plaisons à démolir chaque jour les ouvrages de la veille pour bâtir de nouveaux édifices qui, à leur tour, seront également démolis. Voyez nos constitutions politiques ; ces constitutions qu'on appelle *fondamentales*, quoiqu'elles ne soient pas assises elles mêmes sur des fondements bien solides. Elles ne font que de naître, et déjà on devine aux vices saillants de leur conformation, qu'elles ne sont pas nées viables. De toutes celles qui, après de laborieux enfantements, ont vu le jour, nulle, que je sache, n'a pu jouir d'une longue existence. Après avoir vécu quelque temps, elles s'éteignent avant même d'avoir atteint l'âge de ceux qui les ont enfantées. Telle est, messieurs, la destinée de ces chartes réputées immortelles. Regardez maintenant la constitution de l'Église. Voilà bientôt dix-neuf siècles que cette constitution a été promulguée ; et cependant ni la force des événements ni l'action du temps qui finit par tout corrompre et tout détruire, n'ont pu l'entamer. Regardez l'Épiscopat, cette auguste assemblée que le souverain Législateur a chargée de veiller au soutien et à la défense de son œuvre ; la date de sa création est déjà bien ancienne, et pourtant, vous le voyez, il n'a point vieilli ; aujourd'hui même il est dans toute la vigueur de son origine. Chose étonnante ! Tandis que les trônes des princes temporels sont renversés, les rois-pontifes siègent paisiblement, sans que personne s'avise de contester l'autorité dont ils sont investis. Il n'en saurait être autrement. Toutes les institutions humaines passeront, mais l'Église restera. Quand même de nouvelles tourmentes devraient éclater, on la verrait fermement établie sur sa base, comme un rocher qui défie la violence des vagues et la fureur des tempêtes. C'est qu'elle a reçu d'en haut, comme je vous le disais tout à l'heure, le privilège de survivre à toutes les révolutions et de paraître plus belle et plus éclatante après tous les efforts qu'on a faits pour l'anéantir.

Que l'on vienne, après cela, nous parler de l'affaiblissement et de la décadence de l'Église. S'il y a un fait évident pour tout le monde, c'est qu'à présent, peut-être plus que jamais, elle possède tous les principes de vie et tous les éléments de force et de stabilité qui sont la plus sûre garantie de son avenir. Jamais le sacerdoce n'a été plus ferme et plus compacte ; jamais l'Épiscopat n'a déployé plus d'activité et de zèle pour la gloire de l'Épouse immortelle de Jésus-Christ. La génération qui s'avance pour remplacer celle qui s'en va, est assez nombreuse pour laisser à l'Église la liberté du discernement dans le choix des matériaux qu'elle emploie soit à réparer des brèches, soit à consolider de plus en plus les bases de son sanctuaire. Nulle part la discipline n'est plus forte, à la fois, et plus paternelle. Nulle part également elle n'est plus efficace ; et lorsque partout ailleurs, dans la famille comme dans l'État, on se plaint des abus introduits et des désordres enfantés par l'esprit de relâchement et d'insubordination, le clergé, messieurs, surtout en France, ne fut jamais plus soumis au frein des règles hiérarchiques. Chez lui le sentiment du devoir ne saurait être ni plus profond, ni plus sincère. Que le Prince des Pasteurs parle sur le trône, ou dans les fers, à Rome ou dans l'exil, il n'est pas un genou sacerdotal qui ne fléchisse à l'instant, pas un Pontife qui ne répète avec une respectueuse émotion : « Jésus Christ a parlé par la » bouche de Pierre ; je n'ai plus qu'à obéir. » De même, dans chaque diocèse, l'Évêque ordonne, et le prêtre marche avec autant d'empressement que le soldat à la voix de son chef. Aussi, on peut toujours appliquer à l'Église cette parole d'un homme célèbre : « C'est une grande école de » respect. » C'est aussi, Messieurs, une école incomparable de vertu. Dites-moi, la main sur le cœur, s'il est une conscience honnête, une plume impartiale qui osât faire remonter jusqu'aux dépositaires de l'autorité catholique, jusqu'aux Évêques ce flot d'accusations qui, poussé par la licence de la presse, poursuit et submerge tous les autres pouvoirs ? Dites-moi, s'il est sur la terre un diadême qui brille autant que le leur du triple éclat de la sagesse, de la science, de la piété ? Il est incontestable qu'aucun pouvoir ne jouit au même degré de la considération générale ; et il est bien facile de s'en apercevoir aux immenses contre-coups d'enthousiasme provoqués par l'esprit antichrétien toutes les fois qu'il ose outrager les Oints du Seigneur. Ai-je besoin d'apporter des preuves ? Oh ! le tableau serait trop long à dérouler. Je ne citerai qu'un seul fait, mais frappant. Vous savez, Messieurs, le nom de ce courageux défenseur des libertés de l'Église qui indignement expulsé de son siége et même de sa terre natale, a reçu naguère un accueil si touchant au sein de la France catholique. Voyez comme la Providence se plaît à déjouer et à confondre les desseins de ceux-là mêmes qu'on qualifie de têtes fortes et de génies supérieurs. Les oppresseurs se sont flétris eux mêmes tout en voulant flétrir l'opprimé. Au fond de son cachot il a paru, lui, encore plus vénérable qu'il ne l'était sur son trône ; et l'exil qui, d'après de sots calculs, devait ternir sa gloire, n'a servi qu'à la rendre plus éclatante. Du moment que, au mépris de toutes les lois, l'arrêt de bannissement eut été prononcé, les nations étrangères s'empressèrent de lui offrir une patrie ; et l'illustre Proscrit se trouva tout-à-coup et par acclamation naturalisé chez tous les pays catholiques de l'univers. Aussi le saint Archevêque a véritablement grandi sous le marteau de la tribulation, tandis que, l'abreuvant de dégoûts, la politique a montré qu'elle était tout à la fois impuissante et stupide. Elle voulait l'accabler d'humiliations, et, à son insu, elle lui a ménagé une suite de triomphes ; elle s'était promise de l'ensevelir dans l'oubli, et, sans s'en douter, elle l'a rendu immortel ; elle s'imaginait tout bonnement faire une victime, et à son grand désappointement, elle n'a réussi qu'à faire un héros. C'est donc à la haine et à l'acharnement de ses ennemis que ce digne héritier des Apôtres doit l'immense popularité d'un nom qui aujourd'hui retentit au delà des mers et dans les contrées les plus reculées. L'Église n'avait posé sur sa tête que la couronne des Pontifes ; la persécution y a ajouté l'auréole des martyrs. Mais à quoi bon insister sur ce point? L'impiété elle même ne peut s'empêcher, durant ses lucides intervalles, de payer son tribut d'admiration à l'Église, dont la puissance, demeurée inébranlable, malgré les violentes secousses qui ont amené le croulement des empires, est un fait écrasant pour son orgueil insensé.

Ce que je viens de dire ne signifie pas, sans doute, que l'Église soit, dans l'exercice de son pouvoir, exempte de tout reproche aux yeux de ceux qui sont forcés d'en admirer la grandeur. Des esprits forts, qu'on pourrait plus justement appeler des esprits fous, s'ils n'étaient pas méchants, trouvent, qu'elle n'est pas à la hauteur des circonstances. On l'accuse sérieusement de ne point partager les idées du siècle éclairé au milieu duquel nous vivons, de ne point se prêter à des concessions qu'il est, dit-on, par le temps qui court, tout au moins dangereux de refuser, d'être intraitable et absolue, en un mot, de n'être pas tolérante.

Vous comprenez, Messieurs, que si de pareilles imputations valaient la peine d'être réfutées, la tâche de l'apologiste ne serait pas accablante. L'intolérance de l'Église ! Il est vraiment singulier que ce cri soit poussé par des hommes si peu tolérants eux mêmes à l'égard d'autrui et notamment de l'Église, qu'ils ne souffrent pas seulement qu'on discute les étranges opinions qu'ils prétendent nous imposer. L'intolérance de l'Église ! Eh bien ! fouillez dans l'histoire et parcourant tous les âges qu'elle a traversés, dites-moi, si, au milieu des cruelles épreuves qu'elle a subies, au milieu de la persécution sanglante qu'elle a essuyée, sa tolérance s'est, une seule fois, démentie. On a bien pu renverser ses autels, briser ses images, charger de chaînes ses pontifes, traîner dans la boue ses mystères, égorger impitoyablement ses enfants ; mais on n'a jamais pu tarir dans son cœur la source de cette mansuétude admirable qui est un de ses plus touchants attributs. Digne épouse du divin Agneau qui se laissa mener, la bouche muette, à la mort, dans le fort même de sa douleur, elle ne sut que pardonner, prier et bénir. Voilà la seule vengeance qu'elle a exercée contre ses implacables persécuteurs. Est-ce bien cela ce qu'on appelle l'intolérance de l'Église ? Il faut néanmoins l'avouer. Il est une chose qu'elle ne peut et ne veut point tolérer ; ce sont les entraves qu'on met à l'accomplissement de sa divine mission. Oh ! je conçois sans peine, que les prudents du siècle se fassent les prôneurs de ce tolérantisme qui est à la convenance de toutes les passions. Mais est-ce que l'Épouse du Christ pourrait partager leurs coupables sympathies sans commettre une lâche prévarication ? On voudrait que l'Église fût moins impérieuse, moins exigeante ! Mais, après tout, que veut-elle ? Est-ce qu'elle prétend, comme on l'en a calomnieusement accusée, s'attribuer le monopole de l'enseignement, arrêter le progrès des lumières, comprimer l'essor de l'intelligence, couper les ailes du génie ? Ah ! vous le savez, Messieurs ; il est si loin de sa pensée de favoriser l'obscurantisme, que c'est elle, au contraire, qui a le plus agrandi le domaine des sciences, des lettres et des arts ; c'est elle qui, la première, a combattu l'esclavage, adouci les mœurs des barbares et puissamment contribué à civiliser le monde, aveuglé par la superstition et abruti par l'ignorance. Elle ne prétend pas non plus être admise aux conseils des puissants de la terre et approfondir les mystères de la politique ; elle n'aspire pas aux régions enchantées du pouvoir et aux priviléges découlant des hautes positions sociales ; elle ne songe même pas à revendiquer ces biens qu'elle possédait jadis à des titres éminemment légitimes et dont on l'a dépouillée au grand détriment des membres souffrants de Jésus-Christ. Elle demande tout simplement à n'être pas gênée dans l'exercice de ses droits spirituels ; elle ne demande qu'à prêcher librement la vérité et à combattre librement le mensonge. Cette liberté que l'Église a reçue au jour de sa naissance sur le Calvaire, il n'est permis à qui que ce soit de la lui ravir ; ni elle non plus ne saurait renoncer à ce legs précieux sans se renier elle-même. Sur ce point l'Église sera toujours, ainsi qu'elle l'a toujours été, inflexible. Rien de plus beau que les exemples de courage sacerdotal qui ont immortalisé les Évêques préposés au gouvernement de l'Église aux premiers temps de l'ère chrétienne. Pour intimider et corrompre Athanase, Hilaire et Basile, quatre têtes couronnées épuisent tout ce que le despotisme a de menaces, tout ce que la duplicité a de ruses. Mais la puissance de ces empereurs si souvent victorieuse des ennemis les plus formidables, tombe vaincue aux pieds de trois pontifes désarmés. L'hérésie foudroyante sur le trône veut enlever aux catholiques leurs édifices sacrés pour les livrer aux Ariens ; Ambroise et deux de ses vénérables collègues assis sur leurs chaires pontificales et entourés d'une soldatesque furieuse, protestent hautement, qu'ils se feront égorger sur leurs autels plutôt que de les voir souiller par un culte sacrilége. Les siècles ont applaudi à cette fermeté héroïque, et les fastes de la religion ont consacré la mémoire de ces Pasteurs intrépides qui ont compris leur dignité, *et qui ont dédaigné de plaire au monde pour être toujours les serviteurs de Jésus-Christ.* L'Épiscopat sera fidèle à ces nobles traditions, et, le cas échéant, nulle considération humaine ne pourra l'arrêter. Autant est-il disposé à reconnaître les droits de César, autant sera-t-il toujours prêt à faire respecter les droits de Dieu et de l'Église. Le passé répond de l'avenir. Pour en citer un exemple, vous n'avez certainement pas oublié, messieurs, les protestations solennelles adressées, il y a peu d'années, au pouvoir par l'Épiscopat tout entier ; protestations qui demeureront comme autant de modèles de sagesse et de fermeté pastorales. Vous n'ignorez pas non plus l'énergique résistance que les Évêques d'Irlande, de Suisse, d'Italie, d'Allemagne opposent, de nos jours, à l'autorité temporelle empiétant sur les droits qu'ils tiennent de Dieu lui-même. Si c'est là de l'intolérance, il faut au moins convenir, qu'elle est parfaitement justifiée. Eh quoi ! en face d'une conspiration incessante, l'Église menacée d'anéantissement ne pourvoirait pas à sa conservation ! Quoi ! la Sagesse divine dit aux Évêques « parlez » et la prudence humaine voudrait leur imposer un silence déshonorant ! L'Évangile leur enjoint d'enseigner les vérités qui ont été révélées à l'Église ; et la raison d'État exigerait qu'ils devinssent les approbateurs complaisants des doctrines qui sont en faveur auprès d'un siècle corrompu ? Quoi ! les libres penseurs, les sectaires du rationalisme, les apôtres d'impiété auront le triste privilége de proclamer des utopies dangereuses, d'accréditer des systèmes subversifs, d'étaler, sans pudeur, des maximes détestables, de publier des écrits portant le cachet de l'immoralité méchamment colorée d'un style séduisant et trompeur, de saper jusqu'aux fondements de la religion ; et les dépositaires de la Foi, les gardiens nés des mœurs, les défenseurs naturels des droits de Dieu et de l'Église seraient condamnés à voir toutes ces turpitudes se produire au grand jour, sans droit de les dénoncer, de les stygmatiser, de les flétrir ! Oh ! cela ne saurait être. *Un Évêque* (je cite les paroles du saint Prélat qui vient de monter au ciel après avoir glorieusement combattu sur la terre pour la liberté de l'Église) *qui, par une prudence criminelle ou par une crainte indigne de son caractère, sacrifierait les âmes qu'il a mission de sauver, serait un Évêque qui se laisserait arracher des mains l'Évangile qu'il a l'honneur de porter.* Mais rassurons-nous, messieurs ; nos Pontifes vénérés ne se rendront jamais coupables d'une pareille lâcheté ; jamais ils ne pactiseront avec le mensonge et l'erreur. La Constitution de l'Église confiée à la garde de l'Épiscopat est à l'abri de toute atteinte. *Les auxiliaires de Dieu* ne manqueront ni de vigilance pour la garder, ni d'énergie, au besoin, pour la défendre. Ils la défendront, dussent-ils se trouver en présence des plus redoutables agresseurs ; ils la défendront, dussent-ils résister à toutes les forces de la terre coalisées contre elle avec les puissances de l'abîme.

D'ailleurs, il est si peu raisonnable de contester à l'Église la noble indépendance de son autorité spirituelle, que ses adversaires eux-mêmes rougissent en quelque sorte de la combattre. Voyez ce qui se passe au delà de la Manche. L'irritation est là bien vive ; il y a là un mouvement bien passionné en faveur de l'Église de l'État et contre l'Église de Jésus-Christ. Le gouvernement lui-même prend part à ce mouvement, il le suit, et peut-être encore il le dirige.

Le Protestantisme, dont l'amour-propre est vivement blessé, ne cache pas le dessein de réparer ses brèches aux dépens de la liberté des catholiques. L'exaspération est à son comble; et cependant qu'arrive-t-il? De l'aveu même des coriphées de la Réforme, *ce qu'on a l'air de faire à cet égard, on ne le fait réellement pas; on ne l'ose pas, on ne le peut pas* (5). On a bien eu le courage de faire des lois liberticides; mais on n'a pas le courage de les faire exécuter. Aussi, au milieu de l'effervescence qui règne au sein de l'*Église réformée*, la liberté des catholiques anglais se soutient et se déploie. Ils possèdent la liberté de leur culte; leurs églises sont ouvertes et même se multiplient; et les Pontifes relevant du Saint-Siége exercent sans entraves les fonctions de leur sublime apostolat. Ils possèdent la liberté de leur presse; ils défendent publiquement leurs croyances et leurs actes; ils signalent les faux principes de la religion protégée par l'État; ils publient les paisibles conquêtes que la vérité fait chaque jour sur le domaine de l'erreur. Ils possèdent la liberté de leurs discours et de leurs votes dans les Assemblées politiques; ils y soutiennent hautement leurs droits, et ils combattent avec énergie tous les orateurs qui s'avisent de les contester. Spectacle admirable qui, après avoir alarmé un instant les amis de la liberté religieuse, doit les rassurer complètement. L'esprit de persécution a reparu; mais l'esprit de justice et de liberté l'a regardé en face, il s'est mesuré avec lui, et il a fini par demeurer le maître du terrain. Que l'on cesse donc de trouver exorbitante la liberté dont l'Église de Jésus-Christ réclame l'exercice pour l'accomplisse-

---

(5) Guizot, *Méditations et Études Morales*.

ment de sa divine mission. Faisons plutôt des vœux pour que cette liberté s'exerce aussi largement que possible, car, après tout, c'est la liberté de faire le bien. En effet, si préoccupée qu'elle soit du bonheur éternel de ses enfants, l'Église n'est pas insensible aux malheurs de toute espèce qu'ils éprouvent ici-bas, et il n'est sorte de moyens qu'elle n'emploie pour les prévenir ou pour en mitiger l'amertume. Voilà pourquoi l'Épiscopat ne veut point abdiquer sa liberté qui (remarquez-le bien, messieurs), profite à ceux-là mêmes qui voudraient l'anéantir, tandis qu'elle coûte parfois d'immenses sacrifices à ceux qui tiennent à la conserver. Vous vous rappelez ces jours néfastes, pendant lesquels le siége de la civilisation européenne devint tout à coup le siége de la force brutale et de l'anarchie. Vous vous rappelez comment, afin de sauver la patrie réduite à la dernière extrémité, il fallut, par une nécessité à jamais déplorable, prendre les armes pour s'en servir contre des frères. Or, pendant que la démagogie frémissante de courroux et de rage ensanglantait les rues de la capitale et les jonchait de cadavres; pendant que tous les esprits étaient saisis de terreur au spectacle déchirant de cette lutte acharnée; pendant que la patrie était tout abîmée dans sa douleur, il se trouve un homme qui pouvant, sans manquer à l'honneur, éviter un danger aussi sérieux qu'imminent, demande, savez-vous quoi? Il demande qu'on lui ouvre un passage pour aller désarmer ces farouches combattants, mettre un terme à cette scène horrible de carnage, et arracher, s'il en est encore temps, de nouvelles victimes à la mort. J'ai besoin de rappeler ici, en passant, que cette pensée, inspirée par le sentiment de la charité la plus pure, fut vivement combattue. Rien ne fut épargné pour conserver à l'Épiscopat une de ses plus grandes illustrations et à l'Église un de ses plus fermes soutiens. Mais tous ces efforts, qui valurent au pouvoir de cette époque des éloges parfaitement mérités, n'eurent point de succès en présence d'une résolution que les obstacles ne servirent qu'à raffermir. Le généreux Prélat ne pense pas qu'il lui soit permis de redouter la mort lorsqu'elle peut sauver la vie de ses enfants. Aussi le voilà devant les deux camps ennemis ; le voilà sur le théâtre de cette épouvantable boucherie. Vous savez le reste ; mais gardez-vous de croire que, tombant victime de son zèle, il ait regretté de l'avoir poussé trop loin. Cet homme, qui s'était jeté dans la mêlée avec le courage d'un apôtre, regarde sa blessure avec la sérénité d'un martyr ; et tandis que la capitale tout entière se désole de la perte de son Pontife bien aimé, lui, calme, comme un patriarche en face de la mort, radieux, comme un conquérant à l'approche du triomphe, expire en bénissant cette liberté qui offre parfois au bon pasteur l'occasion de donner la vie pour son troupeau. Voilà, messieurs, la liberté chrétiennement comprise et héroïquement exercée. Connaissez-vous quelque chose de plus noble, de plus magnanime, de plus ravissant que la liberté de mourir pour ses semblables ? Il y a des gens qui refusent de croire aux sympathies de l'Église pour la gloire et le bonheur de la patrie. Eh bien ! je demande si cet acte d'héroïsme, qui a eu un si grand retentissement dans le monde, et qui a été admiré par l'incrédulité elle-même, révèle autre chose qu'une sublime abnégation de soi-même et un dévouement sans bornes à la patrie. Oh ! c'est bien là, messieurs, le motif secret de cette mort qui fut également précieuse aux yeux de Dieu et aux yeux des hommes. La religion et la patrie se sont embrassées dans ce noble sacrifice ; et Dieu en avait tellement ménagé l'ordonnance, que la patrie a pu y reconnaître la grandeur de la religion, et la religion la foi de la patrie. Si l'Église était mieux connue, que de faux jugements seraient redressés ! que de préventions défavorables disparaîtraient à l'instant ! Tout le monde saurait les trésors de bonté que recèlent ses entrailles maternelles ; et il n'y aurait plus qu'une seule voix sur la terre pour la bénir et pour publier les bienfaits de toute espèce qui coulent sans cesse du sein de sa féconde pauvreté. Nous avons salué tout récemment la renaissance de ces Synodes provinciaux où l'Église parle avec l'autorité d'une reine et la tendresse d'une mère constamment occupée du bonheur de ses enfants. Que les Évêques soient libres d'agir, comme ils sont libres désormais de s'entendre, et l'on verra dans quels rangs se trouvent les meilleurs amis du peuple et les plus fermes appuis de l'ordre social.

La Providence, messieurs, avait disposé que nous eussions à traverser une époque bien difficile. L'horizon déjà assez sombre aujourd'hui, menace de se rembrunir encore davantage. Nous vivons au jour le jour, c'est-à-dire, dans des transes continuelles à l'appréhension de la tourmente qui peut gronder à chaque instant. Il est vrai que la société est à présent, peut-être plus que jamais, entourée d'intrépides et zélés défenseurs. On est généralement d'accord qu'il faut la sauver à quelque prix que ce soit. D'éminents publicistes, et en général tous ceux qu'on est convenu d'appeler les amis de l'ordre, s'empressent de fournir leur contingent quotidien d'idées, de systèmes, de solutions pour parer aux difficultés du présent et conjurer les désastres de l'avenir. Cependant, vous le voyez, tant de lumières ne suffisent pas à dissiper les nuages qui s'amoncellent de toutes parts. Chose étrange ! en dépit de tous les moyens employés pour rétablir l'union et la paix, l'attitude des partis devient chaque jour plus hostile et plus menaçante ; et rien n'égale l'étendue des périls si ce n'est la futilité des expédients proposés pour les détourner. On prétend combattre le mal par un procédé qui a le défaut capital de n'être pas logique. Pendant que chacun s'efforce de faire disparaître les effets, personne ne songe à extirper la cause qui les a produits. Voulez-vous savoir maintenant quelle est la cause de tous les maux dont nous sommes affligés ? C'est la violence des passions qui, rejetant toute espèce de frein, ont poussé la société jusqu'au bord de l'abîme. Or dans cet affaissement déplorable des esprits, dans cette perturbation générale des intelligences peut-il y avoir encore quelque espoir d'échapper à une cruelle catastrophe ? Oui, il y a l'espoir fondé sur l'intervention d'une puissance qui domine toutes les autres et à laquelle rien ne peut résister. Tournons donc avec une douce confiance nos regards du côté de cette arche de salut. L'Église qui a dompté les instincts féroces des sauvages, a assez de force pour dompter l'orgueil des passions, seul obstacle qui s'oppose au rétablissement de l'ordre et au développement de la prospérité publique.

Permettez-moi, messieurs, de citer, en finissant, le mot célèbre d'un géant couronné qui tout en immortalisant les deux siècles qui l'ont vu naître et grandir, s'est immortalisé lui-même par la supériorité d'un génie qui a frappé d'étonnement l'univers. Au surplus, vous ne trouverez pas mauvais, j'espère, que sans sortir du sujet, j'allègue l'autorité de cet homme extraordinaire qui, avant d'aller reposer sa tête fatiguée sur un faisceau de lauriers, a légué à votre ville l'immense renom dont elle jouit et qui lui est envié par les plus illustres Capitales du monde civilisé. Or, à la veille d'une grande bataille, au pied de ces masses énormes qui ont résisté au marteau du temps et à la fureur des barbares, le jeune César s'adressant aux légions qu'il venait de lancer dans le chemin de la gloire, par un de ces beaux mouvements qui lui étaient familiers « *Soldats*, dit-il, *souvenez-vous que du haut de ces pyramides quarante siècles vous contemplent* » Moi aussi je vous dirai avec l'autorité bien plus grande de mon divin ministère « Soldats de Jésus-Christ souvenez-vous que du haut de la pyramide du christianisme dix-neuf siècles vous contemplent. » Ce monument élevé par la main du Tout-Puissant est demeuré inébranlable au milieu de toutes les ruines. C'est de là que nous doit venir le salut. Quelque triste que soit la perspective que nous avons devant les yeux, la patrie sera sauvée, malgré les funestes prédictions des prophètes de malheur. La France éclairée par la science des Docteurs, édifiée par les travaux des Apôtres, arrosée du sang des Martyrs; la France, possédant un Épiscopat si digne de fixer les regards et de recevoir les hommages de l'univers catholique, ne connaîtra pas l'engourdissement de la mort. Non, la fille aînée de l'Église n'est pas destinée à périr et elle ne périra pas. Je crois au salut de la France parce que je crois à la puissance de l'Église. N'oubliez pas, messieurs, que, toujours combattue, elle a toujours triomphé; n'oubliez pas que ses triomphes ont été d'autant plus éclatants, que ses ennemis ont été plus acharnés. Cette puissance colossale qui a jadis écrasé ce qu'il y avait au monde de plus fort et de plus redoutable, réduira au néant toutes les ressources que le génie du mal met en jeu pour éterniser le règne du désordre et pour empêcher le triomphe de la vérité. Ce génie destructeur, qui a déchaîné tant d'ouragans et entassé tant de ruines, finira par tomber épuisé et vaincu aux pieds de l'Épouse invincible de Jésus-Christ. Certes, il n'y a personne qui puisse, aujourd'hui moins que jamais, assurer, que la société n'aura plus d'autres transformations à subir : mais quand même, d'après les desseins adorables de la Providence, une nouvelle révolution devrait éclater, elle ne serait pas de nature à nous effrayer. Mieux inspirée que ses devancières, cette révolution-là, nous voulons bien l'espérer, s'ouvrira par la déclaration solennelle des droits de Dieu et des droits de l'Église.

www.ingramcontent.com/pod-product-compliance
Lightning Source LLC
Chambersburg PA
CBHW060558050426
42451CB00011B/1981

9 7 8 2 0 1 3 7 4 6 8 4 7